U0123007

心一堂術數古籍珍本叢刊

書名：章仲山嫡傳秘鈔《秘圖》《節錄 心眼指要》合刊【原（彩）色本】

系列：心一堂術數古籍珍本叢刊　堪輿類　無常派玄空珍秘　第二輯　208

作者：【清】章仲山撰　【清】王介如輯撰

主編、責任編輯：陳劍聰

心一堂術數古籍珍本叢刊編校小組：陳劍聰　素聞　鄒偉才　虛白盧主

出版：心一堂有限公司

通訊地址：香港九龍旺角彌敦道六一〇號荷李活商業中心十八樓〇五一〇六室

深港讀者服務中心：中國深圳市羅湖區立新路六號羅湖商業大廈負一層〇〇八室

電話號碼：(852)67150840

網址：publish.sunyata.cc

電郵：sunyatabook@gmail.com

淘寶店地址：https://shop210782774.taobao.com

微店地址：https://weidian.com/s/1212826297

臉書：https://www.facebook.com/sunyatabook

讀者論壇：http://bbs.sunyata.cc/

平裝

版次：二零一八年四月初版

定價：港幣　　三百九十八元正
　　　新台幣　一千五百八十八元正

國際書號：ISBN 978-988-8316-63-2

心一堂微店二維碼

心一堂淘寶店二維碼

香港發行：香港聯合書刊物流有限公司

地址：香港新界大埔汀麗路36號中華商務印刷大廈3樓

電話號碼：(852)2150-2100

傳真號碼：(852)2407-3062

電郵：info@suplogistics.com.hk

台灣發行：秀威資訊科技股份有限公司

地址：台灣台北市內湖區瑞光路七十六巷六十五號一樓

電話號碼：+886-2-2796-3638

傳真號碼：+886-2-2796-1377

網絡書店：www.bodbooks.com.tw

台灣國家書店讀者服務中心：

地址：台灣台北市中山區松江路二〇九號一樓

電話號碼：+886-2-2518-0207

傳真號碼：+886-2-2518-0778

網絡書店：http://www.govbooks.com.tw

中國大陸發行　零售：深圳心一堂文化傳播有限公司

深圳地址：深圳市羅湖區立新路六號羅湖商業大廈負一層〇〇八室

電話號碼：(86)0755-82224934

心一堂術數古籍 珍本 整理 叢刊 總序

術數定義

術數，大概可謂以「推算（推演）、預測人（個人、群體、國家等）、事、物、自然現象、時間、空間方位等規律及氣數，並或通過種種『方術』，從而達致趨吉避凶或某種特定目的」之知識體系和方法。

術數類別

我國術數的內容類別，歷代不盡相同，例如《漢書‧藝文志》中載，漢代術數有六類：天文、曆譜、五行、蓍龜、雜占、形法。至清代《四庫全書》，術數類則有：數學、占候、相宅相墓、占卜、命書、相書、陰陽五行、雜技術等，其他如《後漢書‧方術部》、《藝文類聚‧方術部》、《太平御覽‧方術部》等，對於術數的分類，皆有差異。古代多把天文、曆譜、及部分數學均歸入術數類，而民間流行亦視傳統醫學作為術數的一環；此外，有些術數與宗教中的方術亦往往難以分開。現代民間則常將各種術數歸納為五大類別：命、卜、相、醫、山，通稱「五術」。

本叢刊在《四庫全書》的分類基礎上，將術數分為九大類別：占筮、星命、相術、堪輿、選擇、三式、讖諱、理數（陰陽五行）、雜術（其他）。而未收天文、曆譜、算術、宗教方術、醫學。

術數思想與發展——從術到學，乃至合道

我國術數是由上古的占星、卜筮、形法等術發展下來的。其中卜筮之術，是歷經夏商周三代而通過「龜卜、蓍筮」得出卜（筮）辭的一種預測（吉凶成敗）術，之後歸納並結集成書，此即現傳之《易

經》。經過春秋戰國至秦漢之際，受到當時諸子百家的影響、儒家的推崇，遂有《易傳》等的出現，原本是卜筮術書的《易經》，被提升及解讀成有包涵「天地之道（理）」之學。因此，《易‧繫辭傳》曰：「易與天地準，故能彌綸天地之道。」

漢代以後，易學中的陰陽學說，與五行、九宮、干支、氣運、災變、律曆、卦氣、讖緯、天人感應說等相結合，形成易學中象數系統。而其他原與《易經》本來沒有關係的術數，如占星、形法、選擇，亦漸漸以易理（象數學說）為依歸。《四庫全書‧易類小序》云：「術數之興，多在秦漢以後。要其旨，不出乎陰陽五行，生尅制化。實皆《易》之支派，傅以雜說耳。」至此，術數可謂已由「術」發展成「學」。

及至宋代，術數理論與理學中的河圖洛書、太極圖、邵雍先天之學及皇極經世等學說給合，通過術數以演繹理學中「天地中有一太極，萬物中各有一太極」（《朱子語類》）的思想。術數理論不單已發展至十分成熟，而且也從其學理中衍生一些新的方法或理論，如《梅花易數》、《河洛理數》等。

在傳統上，術數功能往往不止於僅僅作為趨吉避凶的方術，及「能彌綸天地之道」的學問，亦有其「修心養性」的功能，「與道合一」（修道）的內涵。《素問‧上古天真論》：「上古之人，其知道者，法於陰陽，和於術數。」數之意義，不單是外在的算數、歷數、氣數，而是與理學中同等的「道」、「理」─心性的功能，北宋理氣家邵雍對此多有發揮：「聖人之心，是亦數也」、「萬化萬事生乎心」、「心為太極」。《觀物外篇》：「先天之學，心法也。……蓋天地萬物之理，盡在其中矣，心一而不分，則能應萬物。」反過來說，宋代的術數理論，受到當時理學、佛道及宋易影響，認為心性本質上是等同天地之太極。天地萬物氣數規律，能通過內觀自心而有所感知，即是內心也已具備有術數的推演及預測、感知能力；相傳是邵雍所創之《梅花易數》，便是在這樣的背景下誕生。

《易‧文言傳》已有「積善之家，必有餘慶；積不善之家，必有餘殃」之說，至漢代流行的災變說及讖緯說，我國數千年來都認為天災，異常天象（自然現象），皆與一國或一地的施政者失德有關；下

至家族、個人之盛衰，也都與一族一人之德行修養有關。因此，我國術數中除了吉凶盛衰理數之外，人心的德行修養，也是趨吉避凶的一個關鍵因素。

術數與宗教、修道

在這種思想之下，我國術數不單只是附屬於巫術或宗教行為的方術，又往往是一種宗教的修煉手段──通過術數，以知陰陽，乃至合陰陽（道）。「其知道者，法於陰陽，和於術數。」例如，「奇門遁甲」術中，即分為「術奇門」與「法奇門」兩大類。「法奇門」中有大量道教中符籙、手印、存想、內煉的內容，是道教內丹外法的一種重要外法修煉體系。甚至在雷法一系的修煉上，亦大量應用了術數內容。此外，相術、堪輿術中也有修煉望氣（氣的形狀、顏色）的方法；堪輿家除了選擇陰陽宅之吉凶外，也有道教中選擇適合修道環境（法、財、侶、地中的地）的方法，以至通過堪輿術觀察天地山川陰陽之氣，亦成為領悟陰陽金丹大道的一途。

易學體系以外的術數與的少數民族的術數

我國術數中，也有不用或不全用易理作為其理論依據的，如揚雄的《太玄》、司馬光的《潛虛》。也有一些占卜法、雜術不屬於《易經》系統，不過對後世影響較少而已。

外來宗教及少數民族中也有不少雖受漢文化影響（如陰陽、五行、二十八宿等學說。）但仍自成系統的術數，如古代的西夏、突厥、吐魯番等占卜及星占術，藏族中有多種藏傳佛教占卜術、苯教占卜術；北方少數民族有薩滿教占卜術；不少少數民族如水族、白族、布朗族、佤族、彝族、苗族等，皆有占雞（卦）草卜、雞蛋卜等術，納西族的占星術、占卜術，彝族畢摩的推命術、占卜術……等等，都是屬於《易經》體系以外的術數。相對上，外國傳入的術數以及其理論，對我國術數影響更大。

曆法、推步術與外來術數的影響

我國的術數與曆法的關係非常緊密。早期的術數中，很多是利用星宿或星宿組合的位置（如某星在某州或某宮某度）付予某種吉凶意義，并據之以推演，例如歲星（木星）、月將（某月太陽所躔之宮次）等。不過，由於不同的古代曆法推步的誤差及歲差的問題，若干年後，其術數所用之星辰的位置，已與真實星辰的位置不一樣了；此如歲星（木星），早期的曆法及術數以十二年為一周期（以應地支），與木星真實周期十一點八六年，每幾十年便錯一宮。後來術家又設一「太歲」的假想星體來解決，是歲星運行的相反，週期亦剛好是十二年。而術數中的神煞，很多即是根據太歲的位置而定。又如六壬術中的「月將」，原是立春節氣後太陽躔娵訾之次，當時沈括提出了修正，但明清時六壬術中「月將」仍然沿用宋代沈括修正的起法沒有再修正。

由於以真實星象周期的推步術是非常繁複，而且古代星象推步術本身亦有不少誤差，大多數術數除依曆書保留了太陽（節氣）、太陰（月相）的簡單宮次計算外，漸漸形成根據干支、日月等的各自起例，以起出其他具有不同含義的眾多假想星象及神煞系統。唐宋以後，我國絕大部分術數都主要沿用這一系統，也出現了不少完全脫離真實星象的術數，如《子平術》、《紫微斗數》、《鐵版神數》等。後來就連一些利用真實星辰位置的術數，如《七政四餘術》及選擇法中的《天星選擇》，也已與假想星象及神煞混合而使用了。

隨着古代外國曆（推步）、術數的傳入，如唐代傳入的印度曆法及術數，元代傳入的回回曆等，其中我國占星術便吸收了印度占星術中羅睺星、計都星等而形成四餘星，又通過阿拉伯占星術而吸收了其中來自希臘、巴比倫占星術的黃道十二宮、四大（四元素）學說（地、水、火、風），並與我國傳統的二十八宿、五行說、神煞系統並存而形成《七政四餘術》。此外，一些術數中的北斗星名，不用我國傳統的星名：天樞、天璇、天璣、天權、玉衡、開陽、搖光，而是使用來自印度梵文所譯的：貪狼、巨

門、祿存、文曲、廉貞、武曲、破軍等，此明顯是受到唐代從印度傳入的曆法及占星術所影響。如星命術中的《紫微斗數》及堪輿術中的《撼龍經》等文獻中，其星皆用印度譯名。及至清初《時憲曆》，置閏之法則改用西法「定氣」。清代以後的術數，又作過不少的調整。

此外，我國相術中的面相術、手相術，唐宋之際受印度相術影響頗大，至民國初年，又通過翻譯歐西、日本的相術書籍而大量吸收歐西相術的內容，形成了現代我國坊間流行的新式相術。

陰陽學——術數在古代、官方管理及外國的影響

術數在古代社會中一直扮演着一個非常重要的角色，影響層面不單只是某一階層、某一職業、某一年齡的人，而是上自帝王，下至普通百姓，從出生到死亡，不論是生活上的小事如洗髮、出行等，大事如建房、入伙、出兵等，從個人、家族以至國家，從天文、氣象、地理到人事、軍事，從民俗、學術到宗教，都離不開術數的應用。我國最晚在唐代開始，已把以上術數之學，稱作陰陽（學），行術數者稱陰陽人。（敦煌文書、斯四三二七唐《師師漫語話》：「以下說陰陽人謾語話」，此說法後來傳入日本，今日本人稱行術數者為「陰陽師」）。一直到了清末，欽天監中負責陰陽術數的官員中，以及民間術數之士，仍名陰陽生。

古代政府的中欽天監（司天監），除了負責天文、曆法、輿地之外，亦精通其他如星占、選擇、堪輿等術數，除在皇室人員及朝庭中應用外，也定期頒行日書、修定術數，使民間對於天文、日曆用事吉凶及使用其他術數時，有所依從。

我國古代政府對官方及民間陰陽學及陰陽官員，從其內容、人員的選拔、培訓、認證、考核、律法監管等，都有制度。至明清兩代，其制度更為完善、嚴格。

宋代官學之中，課程中已有陰陽學及其考試的內容。（宋徽宗崇寧三年〔一一零四年〕崇寧算學令：「諸學生習……並曆算、三式、天文書。」「諸試……三式即射覆及預占三日陰陽風雨。天文即預

定一月或一季分野災祥,並以依經備草合問為通。」

金代司天臺,從民間「草澤人」(即民間習術數人士)考試選拔:「其試之制,以《宣明曆》試推步,及《婚書》、《地理新書》試合婚、安葬,並《易》筮法,六壬課、三命、五星之術。」(《金史》卷五十一・志第三十二・選舉一)

元代為進一步加強官方陰陽學對民間的影響、管理、控制及培育,除沿襲宋代、金代在司天監掌管陰陽學及中央的官學陰陽學課程之外,更在地方上也設陰陽學教授員,培育及管轄地方陰陽人。(《元史・選舉志一》:「世祖至元二十八年夏六月始置諸路陰陽學。」)地方上也設陰陽學教授員,於路、府、州設教授員,凡陰陽人皆管轄之,而上屬於太史焉。」)自此,民間的陰陽術士(陰陽人),被納入官方的管轄之下。

至明清兩代,陰陽學制度更為完善。中央欽天監掌管陰陽學,明代地方縣設陰陽學正術,各州設陰陽學典術,各縣設陰陽學訓術。陰陽人從地方陰陽學肄業或被選拔出來後,再送到欽天監考試。(《大明會典》卷二二三:「凡天下府州縣舉到陰陽人堪任正術等官者,俱從吏部送(欽天監),考中,送回選用;不中者發回原籍為民,原保官吏治罪。」)清代大致沿用明制,凡陰陽術數之流,悉歸中央欽天監及地方陰陽官員管理、培訓、認證。至今尚有「紹興府陰陽印」、「東光縣陰陽學記」等明代銅印,及某某縣某某之清代陰陽執照等傳世。

清代欽天監漏刻科對官員要求甚為嚴格。《大清會典》「國子監」規定:「凡算學之教,設肄業生。滿洲十有二人,蒙古、漢軍各六人,於各旗官學內考取。漢十有二人,於舉人、貢監生童內考取。」學生在官學肄業、貢監生肄業或考得舉人後,經過了五年對天文、算法、陰陽學的學習,其中精通陰陽術數者,會送往漏刻科。而在欽天監供職的官員,《大清會典則例》「欽天監」規定:「本監官生三年考核一次,術業精通者,保題升用。不及者,停其升轉,再加學習。如能黽

勉供職，即予開復。仍不及者，降職一等，再令學習三年，能習熟者，准予開復，仍不能者，黜退。」

《大清律例．一七八．術七．妄言禍福》：「凡陰陽術士，不許於大小文武官員之家妄言禍福，違者杖一百。其依經推算星命卜課，不在禁限。」大小文武官員延請的陰陽術士，自然是以欽天監漏刻科官員或地方陰陽官員為主。

官方陰陽學制度也影響鄰國如朝鮮、日本、越南等地，一直到了民國時期，鄰國仍然沿用着我國的多種術數。而我國的漢族術數，在古代甚至影響遍及西夏、突厥、吐蕃、阿拉伯、印度、東南亞諸國。

除定期考核以定其升用降職外，《大清律例》中對陰陽術士不準確的推斷（妄言禍福）是要治罪的。

術數研究

術數在我國古代社會雖然影響深遠，「是傳統中國理念中的一門科學，從傳統的陰陽、五行、九宮、八卦、河圖、洛書等觀念作大自然的研究。……傳統中國的天文學、數學、煉丹術等，要到上世紀中葉始受世界學者肯定。可是，術數還未受到應得的注意。術數在傳統中國科技史、思想史、文化史、社會史，甚至軍事史都有一定的影響。……更進一步了解術數，我們將更能了解中國歷史的全貌。」（何丙郁《術數、天文與醫學中國科技史的新視野》，香港城市大學中國文化中心。）

可是術數至今一直不受正統學界所重視，加上術家藏秘自珍，又揚言天機不可洩漏，「（術數）乃吾國科學與哲學融貫而成一種學說，數千年來傳衍嬗變，或隱或現，全賴一二有心人為之繼續維繫，賴以不絕，其中確有學術上研究之價值，非徒癡人說夢，荒誕不經之謂也。其所以至今不能在科學中成立一種地位者，實有數因。蓋古代士大夫階級目醫卜星相為九流之學，多恥道之；而發明諸大師又故為惝恍迷離之辭，以待後人探索；間有一二賢者有所發明，亦秘莫如深，既恐洩天地之秘，復恐譏為旁門左道，始終不肯公開研究，成立一有系統說明之書籍，貽之後世。故居今日而欲研究此種學術，實一極困難之事。」（民國徐樂吾《子平真詮評註》，方重審序）

現存的術數古籍，除極少數是唐、宋、元的版本外，絕大多數是明、清兩代的版本。其內容也主要是明、清兩代流行的術數，唐宋或以前的術數及其書籍，大部分均已失傳，只能從史料記載、出土文獻、敦煌遺書中稍窺一鱗半爪。

術數版本

坊間術數古籍版本，大多是晚清書坊之翻刻本及民國書賈之重排本，其中豕亥魚魯，或任意增刪，往往文意全非，以至不能卒讀。現今不論是術數愛好者，還是民俗、史學、社會、文化、版本等學術研究者，要想得一常見術數書籍的善本、原版，已經非常困難，更遑論如稿本、鈔本、孤本等珍稀版本。

在文獻不足及缺乏善本的情況下，要想對術數的源流、理法、及其影響，作全面深入的研究，幾不可能。

有見及此，本叢刊編校小組經多年努力及多方協助，在海內外搜羅了二十世紀六十年代以前漢文為主的術數類善本、珍本、鈔本、孤本、稿本、批校本等數百種，精選出其中最佳版本，分別輯入兩個系列：

一、心一堂術數古籍珍本叢刊
二、心一堂術數古籍整理叢刊

前者以最新數碼（數位）技術清理、修復珍本原本的版面，更正明顯的錯訛，部分善本更以原色彩色精印，務求更勝原本。并以每百多種珍本、一百二十冊為一輯，分輯出版，以饗讀者。

後者延請、稿約有關專家、學者，以善本、珍本等作底本，參以其他版本，古籍進行審定、校勘、注釋，務求打造一最善版本，方便現代人閱讀、理解、研究等之用。

限於編校小組的水平，版本選擇及考證、文字修正、提要內容等方面，恐有疏漏及舛誤之處，懇請方家不吝指正。

心一堂術數古籍 珍本 叢刊編校小組
二零零九年七月序
二零一四年九月第三次修訂

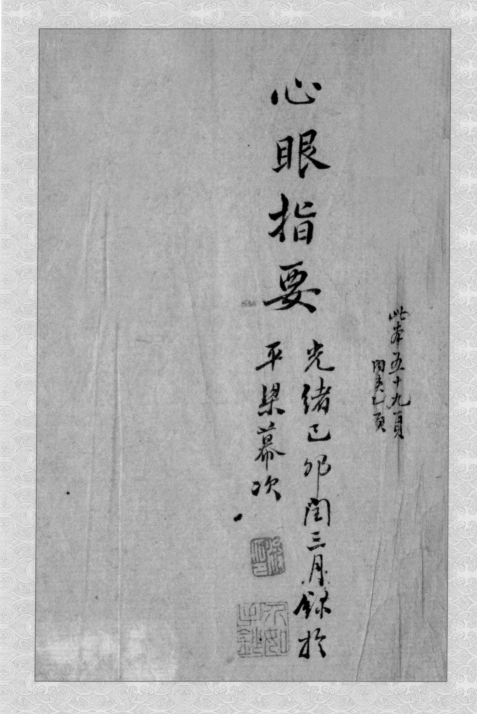

心眼指要

光緒己卯閏三月錄於

平梁幕次

此本五十九頁

四夾一頁

心眼指要節錄上卷

青囊內傳 即海角經又
名三字青囊

天德純敷迺遵理順逆萬機神六甲運五賦行法五子

遁八門布雷侯察金精衡五氣攝九雲鋤掫逆趨神英

星巒

方尖圓勁直行崚嵸迤流平停四聖歸八方層審向背

察內神迴函睛迎陽明

理氣

覔三卦一卦通閱天地定雌雄渡之起立元空審卦氣

配九龍推三吉合八風互用室不用通顛之倒年呆宮

此書乃是地理書之祖即青囊天玉諸經皆出於此

此稱黃石公三字青囊者此也有正經巒理氣三

章皆巒正經訛字尚少惟理氣一宇真法失傳抄寫

若誤甚多并有不知其所以然乃率逞臆而更

段者以足錯訛者是十有八九矣余今審所楊曾之

意以補之理氣之真詮使讀者細之玩索而有得焉

雲間蔣大鴻氏盤銘

天地定位陰陽遞更仰觀俯察河洛呈文後先八卦體

用咸明抽爻換象圖闢相尋五德為緯四七為經宮移

慶改分秒殊情嗟彼庸術罔識權衡冊邪表正協古宜

今分元定卦測日推星天根月窟東往皆春

又

俯察之理本乎洛書父母六子範十二支三爻成象位

恭于維三八品配道盡無遺後愚妄作淆亂日深莠邪

袁正易簡昭垂

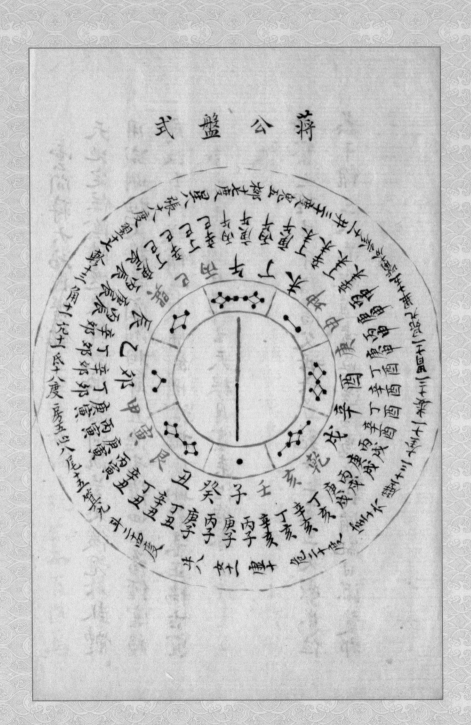

蔣公盤式

無極真傳

凡物必有體用由體立凡物必有用體由用神故有先

天即有後天先天為體後天為用此乃造化之至理也

地為體天為用此乃萬物生生化化之機也夫後天之

教原本洛書上應北斗主宰天地周流六虛旋轉不至

此陰彼陽無時不易即二十四龍陰陽顛倒變化錯綜

都由於此順逆陰陽亦由乎此故曰理氣之正宗傳心

之至理也

闡天地之元機一陰一陽盡之闡陰陽之閫奧一往一

来者之氣往来則氣陰陽氣陰陽則氣往来何地孰何

宮之更妥知此則左之之陰陽自有左之五理即九

星運起自有運起之元機矣

乾為父坤為母奇耦必本而生中交一往則左右不患

出疆若卦之兩交則東西正多歧路故必以父母為最

旺之龍奋必以父母為最清之氣出而不出三爻辨骨

相之真歧中有歧八國審受流之義俗術將二十四山

分作十二位分陰陽辨順逆者固已甚矣為能知此乎

夫數經九易氣将三元顛倒三八旋乾轉坤元空定卦

今星起星下卦之法都由北斗運行而使然也其法分

一二三四五六七八九為三元亜其陽順陰逆顛倒則

又随时而立者也

夫定卦分元辨星審運此非臆造乃出自然盖天元九

氣運發樞機于支八卦統歸皇極則九星流特三八顛

倒則陰不是陰陽不是陽倒地翻天故曰對不同立元

空然是法造物之所忌先師之所秘尚能曉得九星流

特之機則一卦通爰三卦復起之元閟自解罷見一斑

卦氣晨墟扵雜故此敀山納水務承清純西龍氣又病

於單故源派當求滙合若使八神齊副氣水董收再能

董貪董輔則上下三元六甲直達補救之法亦在

其中矣

法者彌縫也其用則工之巧也如乘時立穴之法尚非

董輔星源則龍運未交先遭衰替逾時院代便便凌夷

又安能一元而董得兩元龍力悠遠不替耶苟能裁制

得宜天元取輔人地董貪即出而不出之要訣亦可得

而知矣

天元之後即接人元斯則六甲三分九星顛倒八國特

移要求諸卦之宗細認統龍之氣倒地翻天半由手此

何位何宮在由手此

貪狼即一白五行屬水災天為乾後天為坎故為萬教

之始卦乃諸卦之首運值正元氣通八卦星氣和平施

力悠遠故此楊公有脈取更取之語然則董贖已庶出

卦知此方知出而不出之妙用矣〇道德經云天得一

以清地得一以寧神得一以靈穀辯一以盈萬物得一

以生侯王得一以正由此觀之一之為用大矣哉

夫五星者即水火木金土五行之質行於地而氣行於

天故天有五星地有五行天有九星地有九宮夫九星

者即北斗中之貪巨是也九宮者即坎坤震巽乾兌離

艮中央也夫地之九宮有此翻彼圖此一彼二陰陽奇

耦之珠此一彼二者以顥天地之所立天之九星

有躔子躔丑旋轉四時隨時顛倒之機躔子躔丑者正

司元氣之流行也然此法經四位而起父母者也經四

位而起父母由是二十四山陰陽不一顛倒各定而能

曉得顛倒之室之陰陽方知陽在彼陰必在此之竅矣

一玄會

龍真穴的群山四聚莊祖之山過度之山莫不統會或
作照雍或作闌闍或作朝案骨肉一氣情意親切真
二爻喜
止氣蓄之謂也
二水相會都如湖裡受鵝山有帖水有意氣止水交形
三爻泰
四面情形却與主山相稱不至主弱而賓強體得而用
失砂水盆欹斜牽動之虞有澄淨安帖之趣
四爻媾

道其形曰交媾言其情曰雌雄交媾者是言山水有雌

雄交媾之真情也

五相見

所云相見者即是一山不論一山之陰陽而論與此山

相見之陰陽一水不論一水之陰陽而論與此水相見

之陰陽者是也陰陽相見有兩說一說是體一說是用

體之相見即是山水情形有賓主相迎相見之情狀此

義易知惟用之相見如山上排龍山上所得星辰要與

水裡所得星辰陰陽相見水裡排龍水裡所得星辰又

要與山上所得星辰往來相見相見者即是陰陽動靜

配合生生之謂也

六沖和

沖和是言體得貫體用得貫用有陰陽動靜配合生生

之妙也

此兩節皆是點穴定向之元微沖和相見指體用之

緊要者兩言也

右四爻及沖和相見言體言用乃隨身之玉寶興廢

之攸關須口傳心授如昧此理韋句妄為自取禍害

仁人孝子宜究心爲擇交會交喜者山與水交水與

山交交泰者指山水相交有悠之自然之趣龍脉有

一力專注入穴之勢入首有一口吸到我腹之勢主

星有統攝周圍之勢砂水有趣承著戀之勢而水與

砂更有行迴迴藏之勢如君臣交泰之義也交媾者

指陰陽配合而言青囊所云相見指八方而言非謂

一山一水而言也即一六二七三八四九陽水陰山

陰水陽山元空會合之謂也

八極神樞

一曰清真清者是言来龍来脈来水干支方位之不雜

也此謂之清真清真者真而再董不雜方爲清真〇雜

者亥壬乙辰之類也清者子癸午丁乾亥坤申之謂也

二曰專一言干支有干支之專一情性有情性之專一

穴情砂水朝案及情性干支都以專一者爲貴壽者專

於此也就脈專於此砂水專於此四面拱向之情惟專

於此故曰專一也

三曰深蓄深蓄則氣厚淺露則氣薄穴貴窩藏忌突露

穴貴和平忌偏斜欹側

四曰端平端平言不攲不側端方平正主山有尊嚴之

勢砂水有朝拱之情平者無偏無側之謂也山不攲大

小只要端方周正定出正人高士忠臣孝子大忌側體

顧人定出奸邪之輩

五曰翕聚形止氣蓄方是翕聚翕者合也聚者藏也蓄

也謂山水精靈都翕聚於此也

六曰環衛言穴氣須固也四面皆顧有情謂之環衛

七曰中和言不偏不攲不側不上不下不沉不浮

山水黃得都謂之中和中和云者陽水陰山彼此生之

之謂也青囊經云相見而得中和之氣者福祿永貞相

見而不得貪中和之氣者便是禍答之根者此也

八曰明淨言立穴筌碍也我不碍人人不碍我自然明

淨再水光旦穴有情变須得方圓明淨形如鏡者此謂

之真明淨也

此黄與建極之神符青囊傳心之奥旨筌極大士術

此雲符遠遡省郭中及楊曾近稽劉頼筌能出此範

圍尚能神而明之變而通之誠流世之津梁救貧之

金丹寶之寶之勿示匪人恐招造物之忌也

附穴形穴法節錄

安葬之則蓋始於中古河洛出八卦畫卦仰以觀於天俯

以察於地于是乎識山川之情更徵之以人事而得其

葬義云何曰尋得一點生氣而已生氣即聚內蘊精

華貝土細密膩如圓粉葬之者安得之者昌然則生氣

固可識乎曰可氣束於天廥成於地天有陰陽地有剛

柔惟柔加生惟剛加殺山乃剛剛中取貝柔以為生之

機猶之一陽勁於坎中而萬物於生此生氣之義也

點穴之法窩鉗乳突穴之象也蓋粘倚撞點穴之法也

更有法中之法名曰理氣若夫立向消納承氣收水莫

善乎理氣理氣者即大元空五行分理三元九運運行

還謝之氣也苟能如是選擇理氣差所不當矣

窩者太陽之象也陽生陰中外剛內柔宛然藏蓄旁有

範圍前有氣口真氣內注穴宜深而然有陽必有陰有

真必有假辨之院清方知所舍

窩形圓整輪弦明白中有肉地肥嫩細軟前有氣口以

顯情性美穴也其兩掬環抱如拱手樣者曰合口窩兩

肺闊拍如叢賢樣者曰開口窩窩中肉地又有出氣進

氣之不同其肉地微弦向內收入如人之呼者曰進氣

窩向外吐出如人之噓者曰出氣窩進氣宜穴上弦出氣

宜穴下弦

鉗者窩之變體少陽之象也其形直有似木星之象陽

勁而陰裂生意出於鉗中其假宜辨

鉗頂微之隆起如額而峯界水淋頭之病兩股肥嫩細

裹齊整而峯直硬走竄之病鉗心平坦有肉而長漏槽方

傾瀉之病小者秀嫩而不瘦削大者肥軟而不臃腫方

為生氣哆錘之窩陰鉗則反足不可不審鉗心傾瀉者
陰鉗兩股走竄
鉗心傾瀉者

鉗中要有肉地如席口中之軟皮肥嫩平坦輪弦明白

外秀如鉗登穴如窩者方妙

突者太陰之象也其性堅剛其氣收欲故其形特地隆

起或圓或方或曲或長如珠泡匏瓠魚蚌蛤之屬皆陰象

也陰中弦陽剛化而柔乃含生意如純陰匏硬穴之絶

八蓋乳突之穴皆陰體而用陽惟取其用勿泥其體始

稱善葬

突陰象也高頂塌脚飽面此突之本相不能成穴者也

時術妄作開孤取水未有不敗絶者又有一等頂雖平

而氣口脚雖卓而不開面二陰突之义相不能成穴

者也其長卑與方墩俱以此推之

陽突貫頂必平後高前低上有窩醬前有氣口陰中泛

陽乃能成穴貫輪弦必卓起如覆盤似氣始有所拘攝

而不散不礻高低大小皆然平面者居多公有側面而

有輪級者貫力量大宰相倣〇橫長而腰湖兩頸尖者

刑如梭子要頂平而開面兩頸稍殺脚卓有弦生氣聚

按平中阡中潤突〇橫長而兩頸圓大腰缺者形似腰

子要頂平脚卓前有氣口則生氣聚於凹中宜阡中凹

如平山狹小而兩頸有圓唇吐出者則阡死頸

乳者少陰之氣直吐而出氣如死夾刺如劍鋒穴之城

剛而雖犯者莫若乳笑地師愛之主家信之山脚荒堆

窠之如秦豈不悲乎此等但真假不辨之故也夫乳剛

氣也剛必安柔乃有生意是故君子於乳穴尤為謹慎

陰乳隆如色弛背腫如次瓜瘦如竹篱峻如劍脊此乳之

本相也犯之絕人蕌宠云時人不識各中有多向孤陰

乳上尋即此

陽乳圓淨平堰肥嫩和緩如花之蕊如木之萌皆生脈

必低多主山之足高者不過山之腰盖脈低則不犯剛

穀方露生意新芽貫頂直出者皆砂也其或脈

高乳粗剛氣直出貧生氣必閃出一邊或閃乳側乳等

穴穴情呦云雄粗帶側尋即此蕭家云誤葬每用求正

而仙人多是下偏坡來即此

盖者頂門之穴法也山勢簇擁俱淫頂上墾拖青陽之

氣上聚下散山脚壁立一片純陰全無氣下側穴成顛

頂出陽之就頓起星峯仰而不俯則氣不下注出成高

穴穴仰多窩形以太陽之穴而上居丞高之位此法陽

上卅之象也又有一匾平坦肥厚恬靜而名窩醫之形

者則陽土之氣化而上升故其山勢六成上聚凡上聚

云穴陽氣充足不犯陰殺明堂遠丗洋砂遠護不怕風

吹不畏抓露法宜用蓋外視貝形內窠貝暈佐以吞吐

暈貝淺深此用蓋之法也平面之突形如仰盂陽流於

上六宜用蓋做人不識穴形以為孤露破突作粘地雲

受傷葬凶之禍不免矣

粘者粘也陰中取陽之穴法也山勢俯下後有駝背前

有凹脣開額下旦上陰下陽上散下聚氣出於是則成

乳形以少陰之氣而成穴於五卑之處此陰降而為陽

生之象也故其乳形必如花之初蕊如木之始芽生意

已露方能成穴若降而不化如此頭鼠尾腫脚簀懶

坦傷斜淋頭塌脚縱不脱乎純陰之本相犯之絕人夫

陰即殺也乳而曰粘即所云脱殺也陰降而有陽之可

扶則為脱殺即脱根而粘如陰降而多陽漫向山脚貴

要指為就表殺脱阶作粘穴此庸術之誤人而荒塚之

所以纍纍也山半心有高乳多是肉出此作粘福

倚者左三右七之義兩乳兩耳門兩鼻庠兩鼠肉兩切

脈兩肩窩側臍斜掌之穴法也脈強勢急中陰難犯陽

氣側出或趨左或趨右旁鋪平坦恬軟肥嫩或成窩乳

輪強勾明山勢旁聚側面開肚橫倚如負直倚如扶范

氏云雄粗帶側尋蕭氏云仙人多是用偏坡者即此強

龍旺龍徙之有之多成美穴常見枝節之上旺氣條波

側面棄軟之雯山氏偶爾阡之便多丁財多奈庸術不

悟奇好山腳頂背直阡未有不敗絕者多有好挑土岡

直頂墳背以為按龍此摑執刀而自剌可哀之甚者也

播者腌臍掌心居口指節之穴法也山勢中聚四旁俱

陰中間泛陽穴成窩醫如人之臍或如仰掌穴脈掌心

或如覆掌穴脈指節或如側掌穴脈隔口陽藏陰中穴

宜深入窩而推之則有騎龍翼窩熱鏡掛燈如蛛倒掛

无蛾貼壁遊魚上水金頭木脚等穴皆撞法也撞皆立

體穴居正中枚脈象於臍忐有平岡而作撞者必是陽

氣中露和暖肥嫩頂脈直下諸等騎龍若支高山平坦

龍氣圓聚別成一天則童撞蓋

凡相地以識穴為第一難事穴形疣難得清則陷地了

然如以鏡虫物自無美惡易形之病矣然認穴固難尋

乾謊脈亦不易之且地之真假立於穴地之富貴大小

久暫立於乾乾之姿態多端筆不能盡玄髓地學言之

最精似不沒及

說卦傳

傳曰數往者順知來者逆其法蓋以中五為皇極中五
以前為往往者順一二三四是也中五以後為來來者
逆九八七六是也又曰是故易逆數也蓋自河圖易出
洛書對待縱横自然之理也逆數云者將往來生成之
數皆入中宮逆數其所以逆數之故余不揣固陋特繪

河圖易出洛書於右以博精乎易理者一笑也

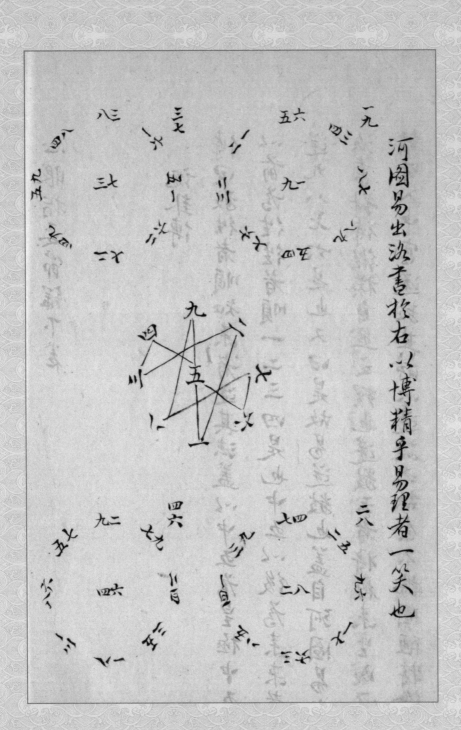

傳

兵法有八陣醫方亦有八陣地理有傳

心八易一而八之所以通變化八而一之所以

辨天心兵法之八陣係國家之安危醫

方之八陣同性命之存亡地理之八易順

天氣之流行闔子孫之興替學者當

細心參考青囊天玉之機自然略見

一斑笑

圖

心 發 五 一女九

變 一子 壬 上

易 亥

圖南先生八大局即是地理之八陣特以天心所秘故

不敢筆之於書聊用似本略露一端貴學者細心自悟

必有取得也

俯察之理本乎洛書

理氣一法原本洛書九氣上應北斗主宰天地化育之

道運轉四時流通八國正是理氣之宗祖用法之真詮

如得其訣用之究盈虛考消息測盛衰辨得失如鏡臨

物一毫不爽者也如不得其訣徒以洛書之坎一坤二

呆方位辨吉凶定盛衰者何異乎刻舟求劍耶

三字經

大元空妙義窮排六甲運九龍來何地震何宮顛、倒

順逆陰陽壬乙是巨門巽庚亥武曲名艮丙辛是破軍

甲癸申貪狼行天心勤九宮更是巨門非巨門非巨門

是巨門巽之起㐫定名通変化都是春

堪與為天地之總名

堪天道與地道堪與之道即天地之道天主降地主升

天主乹地主靜天依形地附氣理寓扵氣氣囿扵形故

形家擇地必使形取之地是以邓天天不我隔必使形

承云山足以納氣氣不我去天地合其德體用合其宜

略讀青囊茅茗至外乎此矣朱子云位者安樂形育者

遂其生尚能安其所遂其生即是體得貫體用得其用

矣今奈世人不知堪輿為何物以淺水之左來右到立

向消納此猶指天而射魚焉能得中耶　天以氣煦地

以形嫗天圓地方圓者一兩圍三三各一奇故參天兩

為三方者一兩圍四四合二偶加兩地而為二故數皆

由此而起

葬秉生氣

葬者藏也乘者接也葬乘生氣即乘天地陰陽化生萬

物之生氣然天有天之生氣地有地之生氣天者氣也

用也地者形也體也體有山水之分用有得失之辨體

有此生彼死之異用有此往彼來消長之分體以活潑

靈動者為生僵直粗頑者為死要求龍體之生死全在

乎形氣神三字上著眼方得察神氣看色澤辨生棄死

去背求面之要訣用之生死盖以來者為生往者為死

與時合宜者為生與此背者為死要得用之生死當立區

靈消息上揣摹自得察血脈視金龍葬乘生氣之元機

矣諸書所論乘生氣三字百二十家千言萬語非隆形

路上著眼即隆二十四干支上迷心妄想顛倒擺弄出

許多名色未脫道着天之生氣如天之生氣即是化生

萬物之生氣此氣蓋以當元者為旺將來者為生方過

者為衰過去已久者謂之死山龍平洋山水分用乘生

一般又云水以向納龍以山收方得山水分用乘生氣

之元機此生氣是元忠氣形之生氣非挨左挨右有形

可見之生氣又非長生旺之生氣讀者宜辨　得其

陽者生得貴陰者死順天之氣則生逆天之氣則死此

即葬乘生氣之元機夫戀頭有形有跡向背生死有形

可見體段毫無難名形者神也氣也変化不測陰陽不一

吉凶无定若非傳心傳眼者可與共役斯道也耶

脈認來龍⋯⋯

脈之形象蓋有數種有一種可一望而知有一種初看

似无細看實有或隱本身看者或隱對面看者或有隱

傍看者細看方能視脈之有无也要之穴之有无真假

都在此來龍來脈上討消息也必須細察為要

認生死⋯⋯

地理之道惟生氣最為難認蓋生氣之外上下左右皆

是死氣認氣者須於百死之中認其一生一生之外識

其百死脫然就和榠生棄死於電燈尺寸之間再辨東

龍東脈是何方位是何干支山與水一下辨清再並用

清因地置宜隨时重取斯為得之

審理氣

天即理也理為天之體氣為天之用理氣云者是勿理

三元九運運行遷謝盈虛消長之氣也夫三元九運豈

虛消長之氣筌形可見芒跡可尋者此讀者從何可理

苟能理得三元九運運行遷謝三氣敦能孰某誰消誰

長必使東者長者而趨之往者消者而亟之如是則看

金龍乗生氣察血脈識来龍之元機自能了了矣

山有山之陰陽水有水之陰陽山之陰陽盖以開面者

為陽收束者為陰曲動活潑者陽僵直粗頑者陰又以

向穴者為陽背穴者為陰也水之陰陽盖以特潤特大

者為陽狹小直硬者為陰屈曲活動者陽破碎偏斜者

陰有情向穴者陽無情向穴者陰干支有干支之陰陽

卦爻有卦爻之陰陽盖以壽者為陽偶者

為陰干支之陰陽則又以甲庚壬丙為陽乙辛丁癸為

陰寅申巳亥為原戌丑未為陰亥若顛倒年空之陰陽

則又以來何地處何室陷而立者各陰陽也〇山龍須

要干支清純水龍亦要干支不雜如來龍來脈有錯雜

之病須求水法純一以補之或山水都帶夹雜之病須

用五吉以救之此乃心眼之巧要者也

辨順逆

與時合者為順又名正神與時背者為逆又名零神順

則生旺逆則衰死此順逆是氣運消長之順逆非干支

顛倒之順逆也所謂順天者昌此乃葬乘生氣者此即

此地然有山水之分用讀者宜察

推三吉

九星八卦本无有吉合時則吉本无有凶背時則凶推

者推算何星旺於何時何卦吉於何運也三吉者有一

卦即有三卦有一吉即有三吉然此三吉吉凶无常隨

用而時移者也

辨落脈

大凡結地主山必成星體星體之上必起六府小頂小

頂下開陽開面中間微凸起脊而落者謂之脈細軟而

活動者亦謂之脈行乎脈之内者為氣生動爰脊者亦

為氣忽伏忽起有暈有輪者亦為氣猴小而微有脊者

方謂之脈收而來細如絲如帶此謂之緜脈若不知葬

氣但知葬脈其不犯剛飽硬直者鮮矣夫人身之脈以

氣而行山龍之脈以水而運氣藏於内水界於外真龍

得折而來者自有曲折之水相隨知此方知水為領氣

之神下文所謂用水驗氣者此也○脈之為狀小也細

也微也其狀如絲如帶也微者似有似無則模糊難見

細小則顯然而易見故細小比之於微猶為較大也

趨裏稜弦向背之情

趨裏者是言四面環抱有情之謂也稜弦者是言開面
開口開眉開手有屬有級有稜有角外背內面挣向有
情之謂也氣之有笑穴之真假都在稜弦趨裏向上
討消息也〇遠看近看前看後看內氣外看細察諸山
形勢之所歸精神氣之所聚真氣之所鍾再察穴情之真
假土色之榮枯神氣之有苍生死此乄看地之緊要者
也如居地不辨氣之生死土色之榮枯猶若死尸一般
死尸猶是人也惟无生氣耳

青元朱白砠佐之情

青元朱白即前後左右之別名砠佐者即是向證穴證

故鬼禽曜朝案之類情也者拱向有情之謂也前後左

右果有真情朝拱州内氣自真内氣真再察頁神氣果

有精光顯聚之玻神完氣呈之象自能一葬便興父葬

子榮水神不完氣不至精神渙散氣免乾枯者雖有善

水千山此急菱葬也

察生勒

坐氣藏蓋於内筆形可見何以知其坐氣而求之柳知

生氣止聚之處其上必有動氣動氣者何即是起伏行

止生動活潑有呼吸浮沉之情狀者是也經云動則生

蓋謂此也○尋龍尋穴為巒頭第一件要事如舍龍穴

而求砂水必為花假者所誤合之飛家多中此病即論

三元諸水法者只求波書之采方位某水合某水不合

若不論腳下有氣無氣并不論用法之得失此不堪與

家之通病讀者當細細推求辨脈察情水來當面而辇

未嘗不言及氣與用也

慎行止

氣不自行有水以引之氣不自止有水以止之氣不自

聚有砂水交會以聚之形止氣蓄水交砂術算有粘光

融聚之玫方是真止方是真聚又云有行即有止行有

妙也止者靜也山龍如是水龍亦然

因形求氣因氣求神

氣由形辨舍形何由以辨氣之生死氣因理推舍理何

由以見氣之興故形有真偽氣可辨也氣有生死神

可辨也又云有氣方言體有體者即用得合

清斷不能為福也又云有形自有氣有氣自有形氣依

於形形又依乎氣形氣兩者有是氣必有是神耳

體用多得

地理之道刑勢為體理氣為用故萬物必先有體而後

有用所謂體立而後用行者是也其萬物生之始末

有形先有氣末有氣先有理以舍說而求用則用無所

施舍用而求體則體無與廢要之察乎氣審乎勢相乎

情度乎理觀乎神合乎時然用多得填宜方得然主用

行之精微

地有吉氣土隨而起

有土自有氣有氣自有土此乃陰陽自然之理也此節

專辨吉土即辨氣土單土骨土五色土之類非辨泷下

之土也有吉土自有真氣有真氣自有吉土氣與土相

連未聞有土而無氣者也凡此山形止氣蓄之委自有真

氣結聚於其間真氣結聚自然一高於兩傍自有低

田低地為窩貼身有界中間自與高起姓曰土随而起

此所云起者是言吉土之起非言凡土之起也鑿穴出

土者宜細察之○山龍平岡之起伏有墩有巹有袴有

背有面有凹有凸其高低易見平洋高一寸低一寸實

床難取更宜細察○来龍活動凹頸脱盡自有吉土或

開鉗口或凹頸有大小八字分開頑氣卸於兩傍亦有

真土穴形故取窩鉗為上也

勢来形止

勢来是言山形氣勢從高而下有頓有跌有起有伏旋

繞曲動及前後左右諸山都有拱向之真情形止是言

山形水勢凹結穴處自有止蓄之情形主山自有繞攝

周圍之勢砂水自有主賓相朝相顧之情或起頂腰落

或開面中抽有優游自然之情狀者方是真来方是真

止又云来是言穴後来龍来脉之形势止是言穴惜砂

水之止不止也形者氣之宅也氣者形之主也神者形

氣之精神也形以氣為生氣以神為活如舍神氣而思

形者眼法之真詮何曾梦见耶

淺深得宜

地氣高厚土色明亮左右界水贴切而砂深蓄者宜深

如界割不甚清楚再审地氣平薄者宜淺當闹鑿金井

之時必須视其土色何如方可定其深淺如此自无遇

淺遇深之患矣好土色堅細滋润而有光彩者宜深深

章仲山嫡傳秘鈔《秘圖》《節錄心眼指要》等合刊

尔不可過深過深日久自有潮濕之患過淺蔵柩于粗

鬆浮土之中則乾枯蟲蟻之患势而不免須蔵柩于恰

好實為要陳玄浮土開見吉土深有二三尺或一二尺

不等將柩蔵于吉土之内不浮不沉不淺不深斯為得

之夫蔵柩于吉土之中自然乾暖自免潮濕蟲蟻之患

棺槨自然悠久子孫自然昌盛且擇地非為子孫計本

為祖宗欲免潮濕風水蟲蟻之患耳又云深淺得宜地

理是矣誠哉是言也平洋培之壙不過逛潮濕以及

水浸披槨水浸披槨退財傷丁棺而不免即用得合法

亦不能為福故以培土為先也平陽有龍有氣并有吉

土者深可一二尺不等如氣薄者開穴黃土即止將板

安於黃土之上概低之要培土三二尺然後放板深則

恐有潮濕之患板之外宜用石灰與好土打結以避窟

水之患即羅城搪土亦要內高外低使水易去切不可

內低外高使水蓄于穴中今見今之搪土用磚石為砌

有四五尺者有七八尺者高於壙墩徒取石之好看不

顧水之去不去此謂之搪水非搪土也。紹興杭州及

嘉湖諸郡山龍安葬墳墓金井深者不過尺許此亦用

地制宜之法也培土安墳皆因地氣卑薄恐有水浸棺

椰故此培高二三尺以受法陽之氣此即古之架法然

而法陽之氣亦要所用之地有氣有土方能承接天之

陽氣否則土雖培高三年五載之後蟲蟻潮溼之患勢

所難免夫有氣有土此地自暖暖則地氣上升稍有潮

溼日久自乾無氣無土則寒寒則地氣不能上升潮溼

自來此乃陽升陰降自然之理也

土高水深

氣厚則土厚土厚則氣厚氣厚則左右界水及內堂止

蓄之水自深乃山水陰陽自然之理也下文所云鬱草

茂樹果浮龍氣活動水深土厚草木自然榮茂此乃生

氣之使然耳地氣衰薄土色乾枯草木空多衰病之色

有諸內形諸外此乃衰病死之氣使然耳

細察氣色

生氣即生動活潑之氣善察氣色者看其形之動靜即

可卜其氣之興衰察其氣色之榮枯即可知其氣之生

死動氣是由生氣而動者也色者氣之華也色澤榮枯

亦由氣之生死而使然也由此則土色草木均宜細察

為妙又云色鮮靈則氣旺色枯老則氣死即草木土色

亦當如是觀。○山有生眠立三體并有喜怒之形象如

破碎峻巉粗硬直者性雜亂土色乾枯草木稀少種

都是怒形山背山腳多如是如拳彎挺拔秀麗之

巖開面向穴屈曲活動并有滋潤之色者即草木亦有

意懃之象種種都是山之喜氣必多結作此亦尋龍尋

穴之捷徑也

土貴有枝

山龍之幹枝猶木之幹枝老本為幹嫩條為枝大凡老

幹行龍惰性堅剛土老石粗結穴罕少猶木之開花結

菓多結于嫩枝少結于老幹夫枝龍即是幹龍多下傍

枝傍脈之頖莘有幹中枝枝中幹幹中枝之別

此言土貴有枝者是言正幹行龍氣多而氣妙也玞識

玞分再識其止枝龍止蓄之雲即是真氣真穴所鐘之

地真穴所鐘水必聚柘此乐山水陰陽自然之妙也

枝者多也不分則粗頑之氣不能脫盡故以分為貴也

脫卸氣多頑氣氣盡龍力氣壯土色美即水龍忘貴

有枝枝者分浜分枝之謂也枝浜氣多龍氣生動土色

愈佳氣愈活潑所謂所盡之分者此也

辨神氣色澤

諸書言龍言氣言之詳且盡矣未嘗道及神氣色澤夫

氣者裹也神色者氣之表也表立外而易見氣立內而

雖知合同神色易見即以易見之神色而推測難見之

氣即以神色之榮枯以卜氣之有無生死古人所謂因

形求氣因氣求神有此也○丁財茂盛之家墳上樹木

必茂土必榮潤子孫衰敗樹木必定凋零土必乾枯并

有和聲合法樹木極盛合葬失時樹木頓衰此亦是所

承之氣便然耳又云小地畧粘神大地畧氣局大地雖

重氣局尔不離乎粘神耳

考真假

土色佳美神氣充足形止氣蓄水交砂衛卯前後左右

来山来水要э拱向有情還要細察立穴定向之得弗

得耳古人云地É毛大小一真便茫又云地É毛吉凶葬法

得則吉失則凶故以得穴得用為最要也

辨得失

得穴得用並得補救是謂之得好得用而不得發得

體而得用均謂之失即證用供得位置稍不得其當去

此謂之失也

審向背

水之外即是砂砂之內即是水水向即砂向砂向即水

向乃砂水陰陽自然之勢也又云向背在乎情性情性

向乃為真向

察穴情

來龍來脈俱已詳雖惟穴情為砂水之主宰不可不察

也明矣穴之情形千變萬化總不離窩鉗乳突四種窩

鉗為上乳突次之然窩鉗不離乎乳突乳突不離乎窩

鉗窩鉗穴後不起突前無層便為去窩乳突無鉗窩

則葬口不開立穴急授貼身有蟬翼陰砂邊有邊急邊

長邊短都不必拘只要有一層便結形如牛角者佳

要知龍穴砂水筍縫開合之情

龍從左來穴必結於右龍從右特穴必結於左此龍穴

旋特自然之勢也夫筍縫開合四字是龍穴砂水相朝

相顧雌雄相配主賓相迎之情狀也苟能識得筍縫開

合之竅住尔左栖右閃青形怪穴俱可辨認矣然則

真龍之結穴變化至窮難於盡舉只可言貝則含之

情形耳〇則含即是山水有賓主相迎相顧之情道貝

形曰筍縫則含言貝情曰雌雄交媾

故重斷石過獨

不生草木曰童草木不生生氣已絕徙呼剝皮龍者即

此也斷是鑿斷開傷之謂非跌斷鑿斷開傷此謂

之病龍故惡石是滿山頑石至頸至面至分至界界之亂

石山故惡如螺幗吐肉老蚌生珠海之多立石山頂立

吐肉生珠四字上着想方不至誤石山土穴葬下禍不

旋踵者緣由筆雜筆平陰欲剛飽渾身是煞故也過即

是此山過彼山之過斷不即斷起不即起牽之連之筆

背筆面左右又毛護送遮攔風水一派純陰之氣故曰

不可葬獨是乾枯筆神之謂即筆背筆而不分不畏筆

枝筆脚必謂之獨非是出洋盡結獨墩孤泡獨山之獨

也即大山博小山不聞陽面不抽嫩枝必謂之獨獨者

謂枯老筆發生之機也

收放。

收者束也龍身行度受以束定峽到頸一節以束觀入

首所謂來氣者是也平洋氣脊脈可憑全在收受察貝

真假認貨來源放者闊也帳蓋之大小經護之短長均

於此宅之大收大放蓋帳閃峽是也小收小放峰腰鶴

膝是也收放魚多則魚有挐放魚大則魚張揚收魚小

則龍力魚壯故穴後入首一節之收放此後龍宜為際

要耳不拘平陽平岡山龍都宜如是

分合

穴後宜分不宜合分則頑氣自脫穴當宜合不宜分合

則砂水自向門戶自閉又云有地無地且看下臂又云

下砂不特莫尋龍此数語豈非尋地之捷徑乎

來情對脉

山龍有九星正变之象水龍亦有九星正变之象山龍

有主山水龍有城门山龍有來脉入首水龍有來源入

口并有兩浜昜水止昜必次昜抱有情山龍入首结穴

变須求其止之情形水龍旦穴有情变須求方圆明净

方為真水五歌云對脉論來情者此也水來當面者此

也山龍一緣平洋一后

一線者言其狹小也必須細心察看方得其一線之真
土真氣吞則夾砂夾石水溫嶽幅之遠難免矣一居者
言貝廣濶也廣濶須求勤要為是水有一兩家來者有
三四家來者來家雖多用法須歸乎一氣此尔平洋納
水之要訣也如半得半失者宅主房分偏枯得三失五
者退財傷丁勞酽不免矣

一望可知

大凡山不聞而土必粗鬆春夏大而小石粗砂必隨水
而下絡上必多粗砂小石凡山麓小路有砂有礼有小

石者不必登山以護龍砂及送龍砂等之定有小石浮

砂此外辨土之一法如色澤榮潤土必堅細路上自至

小石粗砂草木自然油澤草木積自然稠密界水自然釋

切而葦深蓄苦則左右畏水自為浮砂淤塞草木休憩

路多細石種之都由土色粗頑之所事也此等之識者

可以一理而觀也

水有公私

水有公私過家特貴之分公者公共之水至所事於一

雲者此謂之公私者一穴獨受干支情性都事於此者

此謂之私過即此卦過彼卦此方過彼方之過筆潤筆

狹筆灣筆曲筆慢於穴者謂之過穴特短者對脈零恪

有枝水特朝長短曲勁與來龍相稱者為佳取用之法

當用真水特朝者為先次收公過最為得法如誤用坡

有元運不一房分偶枯之患矣

因形測氣

穴中有生物及榮藤茂草之類点而猜測而得見者此

藤斷不可改勁即不見此藤但見氣色榮潤点不可更

勁猜勁必正傷丁大凶直達補救董收自多諸吉炁眠

以生化都由山向水口而用之星辰得句得以辨吉凶在
也以上種種立論者捨其山向水口地氣即可卜貝有
無即浮唐椰棗貝磚石之神色即可知其生物之
有無尚能知此靈舊易之耳不但靈舊之易且不肯亂
勤人家墳墓矣

水辨真假

有情竝穴者為真無情顧穴者為假如來龍活動土色
堅潤或兩傍有水界割其氣自活或龍到頭止蓄之要
內堂有點真水大旱不涸怡與來龍來脈相稱方謂之

真水其水者來情對脈水來當面之謂也如水色混濁

並有臭味及偏斜反弓即易盈易涸等之都由地氣與

水不交故謂之假

因氣驗水

此云因氣驗水忘子云因水驗氣有是氣即有是水有

是水即有是氣氣水相交方謂之真水但有水坐下無

氣者仍不可用也抑且因氣驗水也

因水驗氣

氣者水之母水者氣之子也氣無形而難見水有跡而

可来水来則氣来水止則氣止水抱則氣全水滙則氣
蓄水有聚散而氣因之聚散水有深淺而氣之厚薄因
之故用水可以騐氣也若池湖蕩胸浅而至掬則氣不
聚氣界則势不可當即局雖有洞氣去怠来候浅候深
者均非贵善之謂也惟大水之内又有小水雪之包裹
方见氣之藏而聚大畏水之内更有微茫隱隱分合方见
氣之勤而止故着戀迴環交鎖織結皆是氣之
穿割牵射及直斜冲皆是氣之离也如反者使貝環
抱直者使貝必村抱回造化岕正人功但本身小水有

情願穴者務宜摘就幹水之意留戀者不可扳援若山

若之平陽山多水少雅穴大水者害與要自己界合為

先苇宜大小重收為物必夫氣之靈虛消長上通乎天

下貫乎地而辛萬物神氣相盪體用得宜生之道在

其中矣五歌云直來直去龍之僵有灣有動龍之活水

龍如是山就穴逆所謂水來當面足真龍者此也所謂

對脉禍來情者穴即此也

平洋以水為龍者法宜墳土安墳若地有真氣龍真穴

的間鑿安壞穴吉以陽燃屍氣者即墳土亦不能茇福

非但無益且有水浸之患矣○精生氣氣生神神完氣

足故曰神氣為金龍第一件要事宜細察之

隨地所載

要地非獨心法變化名家即眼法須要活潑靈動斷不

可拘執如九華天目句曲都是老龍幹氣豈得龍穴砂

水俱會武大者開族小者不過丁財而已如蘇杭湖

松脱卸龍稍有一樣可取異甲科名運綿不絕若拘采

法覓地更難矣即脱卸龍亦有老嫩元辰如蘇湖之平

山猫山廉山以及獅山等諸山色澤神氣土色都帶乾

枯即是脫叔穴不結大地以洞庭之于天平山以及常熟

虞山無錫惠山江甯鍾山諸山神氣色澤主色滋潤猶

花木一般常之開花枝之結果諸山尔有老嫩背面之

分斷不可拘之放曰随地取裁

稍岁換形

稍稍則形象更換形象換吉凶不一樣形必無全壺来

立穴以蒂高極室方位细寮星辰情形合吉凶用之不合

再稍移到干支方位由水情形都会為是斷不可脫脫

脫脈也

種植方知

高山平陽平岡種植土人必擇物土相宜而後種植如

種地黃山藥山茹蒿蔔生薑百合等之必擇沙土而

童瀨溫者如種松竹須擇浮土而童高燥者如種楊梅

桃李花菓必擇沙土而稍帶鬆溫者如種栗之擇砂夾

土而童鬆散者此宜視貝所植即知土色乾燥此即遠

望之捷法也要之木質堅細者土必肥細土質粗鬆者

土必粗鬆此宜物產之自然

養地亦要

平岡平陽看法與山龍一般第一先看神氣土色第二

要看龍身活潑靈動第三要看界割清切第四要看八

面四應都有真情頔穴第五要看過峽起伏第六要看

坐局水氣止蓄團聚第七要看下砂阑擱有情有力第

八要看八方平順第九要看穴情真的第十要看砂水

相孫穴情隱顯偏正然後再言點穴立向之得失尚能

如是誤人之過自少矣

得氣而生

大凡荒地塚上都生樹木其所由來亦由用法而得之

氣而生者也如海寧陳氏祖墳塚上生檀樹常为呂状

元祖墳塚上出橅樹上雲沈侍郎塚上生松樹宜真崔

氏墳塚上出朴樹以上所生樹木等之必由而首所得

元氣而生诸家位亞概品族感丁蓄富贵不歇惟塚墩

上天生樹木得氣所生故不可伐伐之玄傷丁拔所不免

余友姓姜名堅實夫祖墳左江都北门外塚上生毅

樹大有数尺姜公因移樹中央擇吉砍玄道光十年冬

季兄弟四人少丁都犯迎症而死此乃伐樹之故也余

怂人宗将墳塔上樹木亂砍枷料誌之

四大承氣

地理有四大承氣法，土承積，木承風，水承氣，石承煞。凡

有煞氣以見斷不可堆伽石工等之石能拾煞故忌水

惟止衆止龍氣遇水而止墳地枕貴乎得水大凡

墳地有凹風吹著者忌種樹木因木能招風山地更甚

枯忌積者高也厚也堅細而有光彩者謂之積故擇土

貴堅細而有光彩者也

四時秀法

天時雨陰賴土砂土浮面為雨所淘最為難秀此土雖

滋潤必带潮溫所謂剝皮者是也天氣嚴寒雨雪滾霜

之後粗鬆浮土必定凍酥不必粗鬆浮土而然即氣有

砂體潮溫之地年不皆然四季異色之要有氣有神者

春初草必先青緑年氣无神者草必遲發而早凋秋冬

九十月裹草於老年頭髮一般賴而色沒枯而年神者

定然毛氣耳者把土粗鬆多生粗根根深之草木如夏

秋多生嫩草蒿根之氈石多土少定出彎曲之木此乐

理之必然者巴

天池放驗

山頂上有池水謂之天漳又名天池下有真結上必有

天漳不拘山之大小斬龍起頂將迎結穴案頂上定有

此水此水乃陰陽自然之理也蘇州范墳上有池三個宜

真龍池上亦有池三個江陰香山山脚低小頂有池七

個揚州甘泉山頂上亦有池貝味甚甘枕名之江宿保

山錘山頂有都有池錘山下有眀太祖孝陵真鳥保山

下有方氏祖墳真鳥此水乃天地精靈之氣所結晶為

等貴

土主是穴即主是

探土有山地平洋之別山地麗難就脈入首有穴情將

似者必探貫土色可否然後點穴方不至誤土必要色

四色五色堅潤為妙平洋探土第一要開下四五寸即

見吉土為佳次要左右近界兩傍黄土要深深則方尺

吉土之起要為显如龜眷牛背之形及開下一尺二尺

凡黄土者即有潮湿之患

恶勤朽板

太平日久山地非舊時真面目者居多不可不加意細

察張氏祖墳賣為李氏於阱不數年李氏墳又改為別

姓更換一姓做一回故曰非舊時真面目也墳塋每

每逢著雖地都由心眼粗疎之故輕易勤人朽極腐骨

并有遮掩別姓墳墓之間道以圖敗絕并有不顧人之

可君因有小利可圖而不顧人者種種寔難罄述不容謀

爲將來者戒余於道走丁亥年次季遊吳門次西跨壙

之西有吳氏墳墓乙酉年八月新阡葬時勤筆主枯骨

無數地師即於是年死絕吳氏不及二年東絕此勤人

枯骨之报也大凡擇地安葬必先積德地有吉凶德有

厚薄德厚者葬山德厚者葬吉此乃天地淹陽自然之

理也至德者欲葬吉地本屬妄想還要勤人枯骨碍人

風水天降實殃非絕而何如常熟雲山至錫惠山常州

荼山蘇州七子墳墓壘壘而又壘壘猶如閶門市

廛一般鬧熱金井誰免不過猜灰磚屑等件理當讓一

披兩披地步塚墩坍塌随时堆好立有力者易尋吉地

以安其祖父方為盡善否則數百年之後難免别人又

来勤尔祖尔父之棺槨理勢之所必然止已

图繁非輕

醫家不费心力心眼不到误投藥餌藥殺一人堪輿心

眼不到誤阡壙墓絕人一門閭黎如此可不慎哉可不

慎哉

初葬合葬與同

新做壙墓只要顧山向水口立穴定向用法之得弗得

耳老墳上附葬有塚自有八方先要差在何方何位流

年宣利否即合葬亦要推算得失與初葬更要小心何

也初葬是初葬之時合葬是合葬之時陰陽顛倒竟有

大相懸絕者可不加意細察乎

保墓良規

古鄉大夫為石槨三年不成孔子聞之尚有速朽之嘆

今人稍有資財亦為石槨竟有四五年不成者如此造

作傷龍脈泄地氣其弊不可勝言古人擇地必取有氣

之地豈以那天俾陽和之氣下洩於地天地生氣交接

自年潮濕之患乃不思使其安接反用石板鋪塞使天

地之氣隔絕日久月長水蓄槨槨勢耐必然其弊一也

方當盛時壞丁有意損傷年修年塌積為荊棘及其衰

地工程坍壞壞丁竊取為坑為廁箕畚而不亟祖宗經紀

立前今日反為下人贖蹋其壙二也甚至不肖子孫乃

曰某可以變錢某可以易米當其造作之時惟恐他人

毀壞工作堅固不料子孫親自拆毀隨於不孝其壙三

也種々弊端都由磚石之所招耳償思彼之厚葬不過

欲其悠久不替以盡為子之道然非大忠大孝大有功

德於天下者焉麻冥々呵護那令為世之有力者計將

此石工之費買田數十百頃設立義庄使死生貧苦長

享其利於此不特壙丁無所施其詭技不肯善俟其

妄想俾此之子孫孫天之麻永保無疆非苐全之榮哉

天元歌原序

昔我師授我以玉函之秘曰天氣生魂地氣生魄陰陽

魂魄造化之精英性命之根柢於是乎寓焉若祖宗父

母葬不得所則二象薄蝕五行為灾身且不保而何有

於延年獲福今授子以玉函之秘山原水國二宅奧樞

能窮其旨是即人世金丹但天道深微傳非其人毫釐

千里遍足自誤誤人爾於是薫沐敬受而微言妙義不

克驟通小憤則昏旦失經大疑則寒暑易序比其晚悟

星歲十週又復遍考遺踪驗其得失蓋犖掌者二十年

胅脈者數千里乃得內無惑思外無疑製故顧廣志殷

嘗持奧義以贈後人而見淺見深多方岐誤或始信而

終疑或得半而自足或以偽而亂真欲求通曉良為不

易惟檇李沈生于生及同郡王生葦資性肫篤服膺不

衰丁酉之歲偕我周生翱翔入越越之彥士觴予於宛

委之山惟時同遊者多人呂子相烈求卜一邱奉藏母

翌并於宛委南麓為定馬鬣之封而呂子之再從叔師

瀟及希洪烈先與予詩酒倡和得意忘形縞帶紵衣顧

言古慮呂氏諸子之定交於予匪朝伊夕矣夫於越諸

山祖于金庭天姥委於四明若耶霄客之所都居羽人
之所遊衍顧隨同好之士披衣嵐岫坐嘯巖阿以故酉
成之後歲必遍越三浙以東虞江以西足跡幾遍呂子
同遊日久山川之變態心目洞然又欲周知昔人裁制
之法而進問於予予遵奉師訓敬授以玉函秘義而總
其要為天元歌五篇呂氏世族代產聞人挺兹後昆詎
慚先哲是能曲暢斯歌不晦雲陽之旨使有覺之類咸
識慎終則太始之餘巧未必非利濟之全能也以是窮
探道奧夫豈遠乎

順治己亥日月會於元枵之次中陽大鴻氏題於會稽
之樵風涇

山坤下咸氏天地定位山澤通氣山靁相薄水火不相射八卦相錯

此後天之卦也其圖方位亦有合也氣運天地之變以此流行

於千萬世而不窮其德合朔之四正相配合

於此則戊己甲庚壬丙同其味普天普

此起西隅一往奉補始為益巽開於故坤艮為震異

此為高不可攀遊俯昂玄空開於殊篇為此

漸流變異諸曲此氣禍不絕雲生一般君賢之賦海

之樵風涇太論一稍起亥必非沐蔡巽一室諸西如其館

破軍金

武曲金

廉貞火

土

輔土

弼火

文曲水

木

祿存土

木

巨門土

貪狼木

水

仲春之月星火主東星鳥主南星昴主西星虛主北至仲夏則多得而西

火得而南虛得而東昴得而北仲秋則火得而西虛得而南昴得而東多得而

北昴仲冬則虛得而西昴得而南多得而東火得而北

先天八卦方位

後天八卦方位

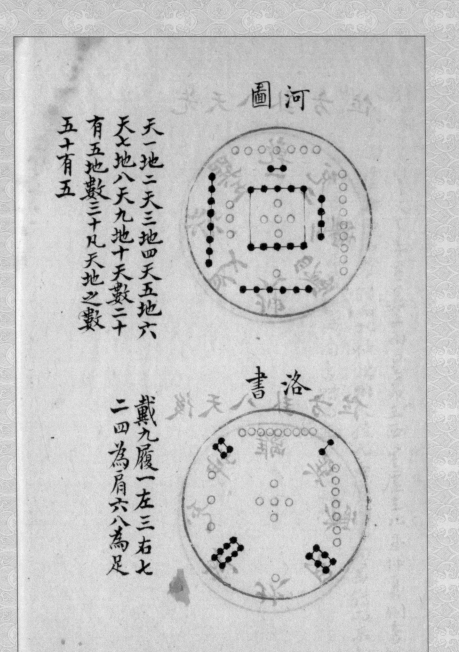

河圖

天一地二天三地四天五地六
天七地八天九地十天數二十
有五地數三十凡天地之數
五十有五

洛書

戴九履一左三右七
二四為肩六八為足

分宮卦象次序 乾坎艮震為陽四宮巽離坤兌為陰四宮每宮陰陽八卦

乾為天　天風姤　天山遯　天地否　風地觀

山地剝　火地晉　火天大有

坎為水　水澤節　水雷屯　水火既濟　澤火革

雷火豐　地火明夷　地水師

艮為山　山火賁　山天大畜　山澤損　火澤睽

天澤履　風澤中孚　風山漸

震為雷　雷地豫　雷水解　雷風恒　地風升

水風井　澤風大過　澤雷隨

巽為風　風天小畜　風火家人　風雷益　天雷无妄

火雷噬嗑　山雷頤　山風蠱

離為火　火山旅　火風鼎　火水未濟　山水蒙

風水渙　天水訟　天火同人

坤為地　地雷復　地澤臨　地天泰　雷天大壯

澤天夬　水天需　水地比

兌為澤　澤水困　澤地萃　澤山咸　水山蹇

地山謙　雷山小過　雷澤歸妹

周公六十四卦象辭

乾䷀䷀天行健君子以自彊不息

坤䷁䷁地勢坤君子以厚德載物

屯䷂䷂雲雷屯君子以經綸

蒙䷃䷃山下出泉蒙君子以果行育德

需䷄䷄雲上於天需君子以飲食宴樂

訟䷅䷅天與水違行訟君子以作事謀始

師䷆䷆地中有水師君子以容民畜眾

比䷇䷇地上有水比先王以建萬國親諸侯

小畜 ䷈　風行天上小畜君子以懿文德

履 ䷉　上天下澤履君子以辯上下定民志

泰 ䷊　天地交泰后以財成天地之道輔相天地之宜以左右民

否 ䷋　天地不交否君子以儉德辟難不可榮以祿

同人 ䷌　天與火同人君子以類族辨物

大有 ䷍　火在天上大有君子以遏惡揚善順天休命

謙䷎ 地中有山謙君子以裒多益寡稱物平施

豫䷏ 雷出地奮豫先王以作樂崇德殷薦之上

帝以配祖考

隨䷐ 澤中有雷隨君子以嚮晦入宴息

蠱䷑ 山下有風蠱君子以振民育德

臨䷒ 澤上有地臨君子以教思无窮容保民无

疆

觀䷓ 風行地上觀先王以省方觀民設教

噬嗑䷔ 雷電噬嗑先王以明罰勅法

賁 ䷕ 山下有火賁君子以明庶政无敢折獄

剝 ䷖ 山附於地剝上以厚下安宅

復 ䷗ 雷在地中復先王以至日閉關商旅不行后不省方

无妄 ䷘ 天下雷行物與无妄先王以茂對時育萬物

大畜 ䷙ 天在山中大畜君子以多識前言往行以畜其德

頤 ䷚ 山下有雷頤君子以慎言語節飲食

大過 ䷛ 澤滅木大過君子以獨立不懼遯世无、

坎 ䷜ 水洊至習坎君子以常德行習教事

離 ䷝ 明兩作離大人以繼明照于四方

咸 ䷞ 山上有澤咸君子以虛受人

恆 ䷟ 雷風恆君子以立不易方

遯 ䷠ 天下有山遯君子以遠小人不惡而嚴

大壯 ䷡ 雷在天上大壯君子以非禮弗履

晉 ䷢ 明出地上晉君子以自昭明德

明夷 ䷣ 明入地中明夷君子以莅眾用晦而明

家人 ䷤ 風自火出家人君子以言有物而行有恆

睽 ䷥ 上火下澤睽君子以同而異

蹇 ䷦ 山上有水蹇君子以反身脩德

解 ䷧ 雷雨作解君子以赦過宥罪

損 ䷨ 山下有澤損君子以懲忿窒欲

益 ䷩ 風雷益君子以見善則遷有過則改

夬 ䷪ 澤上於天夬君子以施祿及下居德則

姤 ䷫ 天下有風姤后以施命誥四方

萃 ䷬ 澤上於地萃君子以除戎器戒不虞

升 ䷭ 地中生木升君子以順德積小以高大

困 ䷮ 澤无水困君子以致命遂志

井 ䷯ 木上有水井君子以勞民勸相

革 ䷰ 澤中有火草君子以治歷明時

鼎 ䷱ 木上有火鼎君子以正位凝命

震 ䷲ 洊雷震君子以恐懼脩省

艮 ䷳ 兼山艮君子以思不出其位

漸 ䷴　山上有木漸君子以居賢德善俗

歸妹 ䷵　澤上有雷歸妹君子以永終知敝

豐 ䷶　雷電皆至豐君子以折獄致刑

旅 ䷷　山上有火旅君子以明慎用刑而不留獄

巽 ䷸　隨風巽君子以申命行事

兌 ䷹　麗澤兌君子以朋友講習

渙 ䷺　風行水上渙先王以享于帝立廟

節 ䷻　澤上有水節君子以制數度議德行

中孚 ䷼　澤上有風中孚君子以議獄緩死

小過 ䷽ 山上有雷小過君子以行過乎恭喪過

乎哀用過乎儉

既濟 ䷾ 水在火上既濟君子以思患而豫防之

未濟 ䷿ 火在水上未濟君子以慎辨物居方

節錄周易說卦傳

乾健也坤順也震動也巽入也坎陷也離麗也艮止也

兌說也 說音悅此 八卦之性情

乾為馬坤為牛震為龍巽為雞坎為豕離為雉艮為狗

兌為羊 遠物 諸物

乾為首坤為腹震為足巽為股坎為耳離為目艮為手

兌為口 近身 諸身

乾為天為圜為君為父為玉為金為寒為冰為大赤為

圜音圓 荀九家此下有

良馬為老馬為瘠馬為駁馬為木果

下有 為龍為直為

巽為木為風為長女為繩直為工為白為長為高為進

鼟為　　　　　　　　　　　　　馵音注馬後足白也荀九家有為玉為

其於稼也為反生其究為健為蕃鮮

筤竹為萑葦其於馬也為善鳴為馵足為作足為的顙

震為雷為龍為玄黃為旉為大塗為長子為決躁為蒼

漿為

為文為眾為柄其於地也為黑荀九家有為牝為迷為方為囊為裳為黃為帛

坤為地為母為布為釜為吝嗇為均為子母牛為大輿

訣為

退為不果為臭其於人也為寡髮為廣顙為多白眼為

近利市三倍其究為躁卦為巽九家有

坎為水為溝瀆為隱伏為矯輮為弓輪其於人也為加

憂為心病為耳痛為血卦為赤其於馬也為美脊為亟

心為下首為薄蹄為曳其於輿也為多眚為通為月為

盜其於木也為堅多心荀九家有為宮為律為可為棟

為叢棘為狐為蒺藜為桎梏

離為火為日為電為中女為甲冑為戈兵其於人也為

大腹為乾卦為鼈為蟹為蠃為蚌為龜其於木也為科

上槁乾音干首九
家有為牝牛

艮為山為徑路為小石為門闕為果蓏為閽寺為指為

狗為鼠為黔喙之屬其於木也為堅多節　蓏音裸菌九

虎為　　家有為鼻為

兊為澤為少女為巫為口舌為毀折為附決其於地也

為剛鹵為妾為羊　菌九家有為　常為輔頬

古者包犧氏之王天下也仰則觀象於天俯則觀法於
地觀鳥獸之文與地之宜近取諸身遠取諸物於是始
作八卦以通神明之德以類萬物之情作結繩而為網
罟以佃以漁蓋取諸離包犧氏沒神農氏作斲木為耜
揉木為耒耒耨之利以教天下蓋取諸益日中為市致
天下之民聚天下之貨交易而退各得其所蓋取諸噬
嗑神農氏沒黄帝堯舜氏作通其變使民不倦神而化
之使民宜之易窮則變變則通通則久是以自天祐之

吉无不利黄帝堯舜垂衣裳而天下治盖取諸乾坤刳

木為舟剡木為楫楫之利以濟不通致遠以利天下

盖取諸渙服牛乘馬引重致遠以利天下盖取諸隨重

門擊柝以待暴客盖取諸豫斷木為杵掘地為臼臼杵

之利萬民以濟盖取諸小過弦木為弧剡木為矢矢弧

之利以威天下盖取諸睽上古穴居而野處後世聖人

易之以宫室上棟下宇以待風雨盖取諸大壯古之葬

者厚衣之以薪葬之中野不封不樹喪期无數後世聖

人易之以棺椁盖取諸大過上古結繩而治後世聖人

易之以書契百官以治萬民以察蓋取諸夬

青烏子　漢時人或云彭祖弟子　張鬼靈

唐邱延翰遇太一真人授以地理書即海角經也　李淳風海角經

晉郭璞撰錦囊經

唐楊益　筠松　又雀叫者僕射堂傅廖三傅三傅傅貺子禹　楊阿肛

唐曾求己　公安　馬侍贖塴訪世南侍贖子諆永錫

蔣平階　大鴻　宋豪空出人廣人以言補積書衣

風雲百傳三千里誰是文壇第一賢我乃夢花仙啟

核興君同是結昔緣今生終身當有生之機辛勾

一誤再誤年老人怡記病可三秋有瘥吾有一言訓

之賭硬雪山偏覓真吉含年雜認子雷風尔細泰之且

省味爲年頃匿物決空起